Théodore de Banville

La Perle

Comédie en un acte,
en vers

Note de l'éditeur

Saynètes et monologues, édité par Tresse de 1877 à 1882, regroupe six volumes de textes courts en vogue dans le Paris des cercles littéraires d'avant-garde comme dans les soirées mondaines. Un répertoire de dialogues, monologues, saynètes, comédies et opérettes portés à un art véritable, dont la modernité apparaît avec évidence, et dans lequel se côtoient Charles Cros, Paul Arène, Nina de Villard, Charles de Sivry, Théodore de Banville, Eugène Labiche, Charles Monselet ou encore Villiers de L'Isle Adam.

Le présent ouvrage a été sélectionné parmi les textes publiés dans *Saynètes et monologues*. De nombreux titres de cette fresque sont disponibles auprès de la majorité des librairies en ligne.

La perle

Comédie en un acte, en vers
par M. Théodore de Banville.

Le théâtre représente une chambre carrée, recevant le
jour par le reflet de la cour ensoleillée. – Au fond, une
porte ornée de deux colonnettes, sur laquelle tombe
une tapisserie à personnages. – À droite et à gauche,
des baies fermées par des nattes peintes de couleurs
variées. – Les parois de la chambre, de couleur lilas
tendre, sont divisées en panneaux par des colonnettes
très riches, peintes sur le mur. – Dans les panneaux, des
ornements, des gerbes de fleurs, des figures d'oiseaux,
des damiers de couleurs contrastées, des scènes de la
vie intime, coupées de bandes verticales peintes en
blanc et couvertes d'hiéroglyphes de toutes couleurs.
– Dans un coin, à droite, un petit dieu de bronze sur
un piédestal de granit rouge, devant lequel est placé
un grand vase d'argile peinte, porté sur un trépied de
bois, et rempli de fleurs de lotus. – Fauteuil en bois
doré, rechampi de rouge, aux pieds bleus, aux bras
figurés par des lions, recouvert d'un épais coussin à
fond pourpre et quadrillé de noir, dont le bout déborde
en volute par-dessus le dossier. – Tabouret de cèdre, à
pieds d'animaux peints en bleu. – Au fond, à gauche,
sur une table de bronze à trois pieds, un lechytos de
verre phénicien, et une large coupe d'or.

Personnages

Cléopâtre.

6

Antoine.
Charmion.

La scène est à Alexandrie, dans le palais des Ptolémées, en l'an 40 avant Jésus-Christ.

Scène première

Cléopâtre, Charmion.

CHARMION

Oui, ma reine, un courrier venu de Sicyone
Cause là-bas avec le noble empereur.

CLÉOPATRE, irritée et inquiète.

Donne-
Moi le coup de la mort. – Oui, je sens le danger ;
C'est le malheur qui vient avec ce messager.
Mais Antoine, dis-moi, quelle est son attitude ?

CHARMION

Il semblait frémissant et plein d'inquiétude.

CLÉOPATRE

Hélas ! – Rappelle-toi bien tout, ma Charmion.

CHARMION

Un éclair flamboyait dans ses yeux de lion, –

CLÉOPATRE

Il est proche, l'instant fatal que je redoute !

CHARMION

Et le sang furieux gonflait sa lèvre.

CLÉOPATRE

                                                                Écoute,
Va le trouver. S'il est en proie à son ennui,
Si tu vois sur son front la tristesse, dis-lui
Que je danse ; mais s'il est gai, dis-lui bien vite
Que je meurs.

CHARMION

Vous cherchez les maux que nul n'évite.
Pourquoi le tourmenter ainsi ?

CLÉOPATRE

                                                Va, je sais bien
Ce qu'est leur faible amour, et tu n'y comprends rien.

CHARMION

Antoine vient.

CLÉOPATRE

                        Je vais donc voir s'il me résiste,
Lui !

Scène II

Cléopâtre, Charmion, Antoine.

ANTOINE

Ma reine…

CLÉOPATRE

Seigneur, je suis malade et triste.

ANTOINE

J'ai pris avec douleur la résolution
De partir. Le devoir commande.

CLÉOPATRE

Charmion,
Aide-moi, je te prie, à sortir. Je succombe.

ANTOINE

Quoi ! ma reine, des pleurs dans ces yeux de colombe !
Ah ! laisse-moi calmer la peine et ton effroi.
Donne-moi cette main.

CLÉOPATRE, languissante.

Non, reste loin de moi.

ANTOINE

Qu'as-tu donc ?

Charmion sort.

10

Scène III

Cléopâtre, Antoine.

CLÉOPATRE, fiévreusement.

Cléopâtre est-elle injuriée
Dans leurs lettres ? Que dit la femme mariée ?
Tu peux partir. Va-t'en comme un époux soumis.
Je voudrais que jamais elle ne t'eût permis
De venir. Après tout, qu'emportes-tu ? Ma vie !
Ce n'est rien. Va trouver ta Romaine.

ANTOINE, gravement.

          Fulvie
Est morte.

CLÉOPATRE

Que dis-tu ? Non. Est-ce qu'elle peut
Mourir ! Si ton visage à cette heure s'émeut,
C'est pour quelque chagrin léger qu'un souffle emporte !
Pour Cléopâtre, pour un rien.

ANTOINE

        Fulvie est morte.

CLÉOPATRE

Et tes yeux sont plus secs que le sable vermeil
De nos déserts, brûlé par le fauve soleil !
Ainsi ma mort sera pour toi ce qu'est la sienne.
Tu diras : « Ce n'est rien. La noire Égyptienne
Est morte. » Voilà tout. Nous aurons eu nos parts
De ton amour !

11

ANTOINE

Ma reine…

CLÉOPATRE

Adieu, puisque tu pars.

ANTOINE

Écoute-moi. Laissons tout reproche vulgaire.
Si je veux éveiller les clairons de la Guerre,
C'est pour toi. Qu'elle hurle à présent sur son char !
Vois, Fulvie et mon frère ont combattu César :
Penses-tu qu'il remette au fourreau son épée ?
Puis à chaque moment grandit Sextus Pompée ;
Déjà le voilà près de Rome. On voit, hélas !
Ces pirates cruels, Ménécrate et Ménas
Ensanglanter la mer qui sous leurs vaisseaux ploie.
Si l'on doit partager le monde, cette proie,
J'y veux tailler, du sud jusqu'au septentrion,
Des royaumes pour nous et pour Césarion,
Et pour nos fils en qui revit ton front céleste,
Ptolémée et le doux Alexandre.

CLÉOPATRE

                                    Non, reste.
Rome te reprendrait pour toujours, ô mon roi !

ANTOINE

Crois-tu qu'elle pourrait me garder loin de toi ?
Si je te quitte un jour, toi que j'aime et qui m'aimes,
C'est pour te rapporter bientôt vingt diadèmes.

CLÉOPATRE

Eh bien, puisqu'il le faut, adieu, presse ton pas.
Va-t'en d'un cœur léger ! Ne te retourne pas
Quand je maudis le sort pour ce qu'il me dérobe,
Car je te retiendrais par un pan de ta robe.
Je ne veux plus te voir, ami, qu'à ton retour.

ANTOINE

Non. Au départ ma lèvre en feu, pâle d'amour,
Veut baiser cette main qui tient les sceptres. Cesse
Tes rigueurs, mon Isis, ô puissante déesse,
Et laisse-moi puiser la vie à ton œil noir.

CLÉOPATRE

Mon cœur se brise. Antoine, adieu.

ANTOINE

Non. Au revoir.

Antoine sort.

Scène IV

Cléopâtre.

Il partirait ! Et moi ? Moi, je resterais seule
Dans cette affreuse Égypte au sombre front d'aïeule,
Où partout nous entoure, ainsi qu'un vaste mur.
Le ciel farouche, fait d'un implacable azur ;
Où d'un air inquiet, ainsi que des molosses,
Veillent d'horribles dieux et de hideux colosses ;
Où les vivants sont pleins de deuil et de remords
Et se plaignent tout bas à l'oreille des morts ;
Où les globes ailés, les serpents, les balances
Ne parlent que de mort aux éternels silences ;
Où comme en une tombe au couvercle brûlant
Brille l'œil du soleil, toujours rouge et sanglant !
Ah ! sans doute avec lui j'aimais l'Égypte noire,
Mieux que la Grèce amie où sont les dieux d'ivoire
Et les myrtes fleuris et les ruisseaux d'argent !
Mais quoi donc ! je verrais son départ outrageant !
Je resterais, moi qui l'adore, abandonnée !
Et cependant à Rome, en moins d'une journée,
Octave et Lépidus, ces cœurs bas et rampants,
Auraient bientôt fait rire Antoine à mes dépens ;
Ils sauraient l'enchaîner au gré de leur envie,
Et César lui dirait : « J'ai ma sœur Octavie ! »
J'aurais une rivale encor ! moi dont les fils
Règnent, moi que la terre admire comme Isis,
Et nomme, sous l'éclair que mon regard lui jette.
Délices du soleil et déesse Évergète !
Je ne veux pas. Avant que ce sort odieux
Accable mon amour, je serai morte. Ô dieux
De jaspe, qui rêvez, sinistres, sur des trônes !
Célestes éperviers, dont les prunelles jaunes
Ont brûlé mon visage avec leurs flammes d'or,
Je vous adjure ! Et toi, reine, déesse Hâthor

14

Qui, sans avoir pitié de nos angoisses vaines,
Fais courir le désir déchirant dans nos veines,
Et toi Phtha, dieu du feu, brûlez, dévorez-moi ;
Mais pour qu'il reste, lui mon héros, lui mon roi,
Mettez la volupté vivante en ma ceinture,
Et changez, s'il le faut, l'ordre de la nature !
Oui, faites un miracle, et que lui, l'empereur
Reste. Puis, s'il le faut, que vouée à l'horreur
De supplier, vaincue et seule, je succombe !
Que, vivante, je sois murée en une tombe,
Et que là je caresse, en mon fatal dessein,
Quelque agile serpent qui me morde le sein !
Mais ô dieux, laissez-moi le divin fils d'Hercule !
Dieux terribles, ayez pitié de moi, que brûle
De ses traits furieux l'arc enflammé du jour,
Et qui pâlis de rage et qui me meurs d'amour !

Avec une sorte d'extase.

Mais quel rayon subtil frémit dans ma pensée ?
Tout mon être tressaille.

Comme frappée d'une commotion soudaine.

Oui, tu m'as exaucée,
Hâthor, qui m'écoutais dans le bleu firmament !
Je mourrai, mais tu vas me rendre mon amant.

Entre Charmion.

Scène V

Cléopâtre, Charmion.

CLÉOPATRE

Ah ! c'est toi.

À part.

Charmion, le seul être qui m'aime !

Haut.

Va dire à l'empereur… Mais non, j'y vais moi-même.
Tu ne saurais pas bien lui parler. Reste ici.

Scène VI

Charmion.

Elle regarde Cléopâtre qui s'éloigne.

Et pourtant que je l'ai vue aimer César ainsi.

Revenant sur le devant de la scène.

Cette reine pareille à l'aurore, et plus brave
Qu'un héros, aime et souffre aussi bien qu'une esclave.
Ayez donc, pour voler jusques aux cieux profonds,
Des chars d'argent et des quadriges de griffons ;
Ayez des perles dont les lueurs sont divines,
Des robes du pays de Sérique, si fines
Qu'elles passeraient dans l'anneau de votre doigt,
Et des pourpres trois fois teintes, ainsi que doit
En posséder Isis ; buvez dans une coupe
Où Myron et Lysippe ont fait vivre le groupe
Des Nymphes ; que les cieux vous regardent marcher,
Pour qu'ensuite l'enfant Eros, le fol archer,
Vous prenne sans façon dans sa nasse dorée,
Tout aussi bien qu'il fait de nous !

Entre Antoine en armure ayant à son bras Cléopâtre.

Scène VII

Charmion, Antoine, Cléopâtre.

ANTOINE

Reine adorée,
Que ne puis-je avec toi demeurer, fût-ce au prix
De ma vie !

CLÉOPATRE

Eh bien !…

ANTOINE

Mais j'encourrais ton mépris
Si je calmais le fier désir qui m'aiguillonne.
Reine, tu m'as aimé baisé par la Bellone
Vengeresse, couvert de poussière et de sang,
Vainqueur, ayant le casque au front, l'épée au flanc ;
Et si je rêvais, comme un berger de Sicile,
Tu me reprocherais d'avoir été docile,
Car le sang tout fumant sied au bras meurtrier
Du soldat, comme au front du chanteur le laurier.
Quittons-nous donc.

CLÉOPATRE

Eh bien ! non. S'il faut que tu partes,
Je te suis. Nous irons vaincre à nous deux les Parthes.
À tes côtés, sans craindre Octave ton rival,
Je marcherai, pressant du genou mon cheval,
Et j'aurai sur mon front, comme Penthésilée
Le vol éblouissant d'une Chimère ailée !

ANTOINE

En cette guerre, proie offerte au noir danger,
Il nous faudra dormir dans les rochers, manger
Des racines parfois, et boire l'eau saumâtre
Des lacs. Ce n'est pas là ta place, Cléopâtre,
Ma bien-aimée !

CLÉOPATRE

Ainsi, je ne suis bonne à rien,
Qu'à porter, demi-nue, un voile aérien !
Mais toi, déjà choisi par le combat vorace,
Te voilà rayonnant dans ta rude cuirasse
Que presseraient en vain mes bras martyrisés,
Et sans honte opposant du fer à mes baisers.
Tu sembles Mars lui-même, enflant de son haleine
Des clairons, et poussant les guerriers dans la plaine
Vers la mêlée affreuse et vers les durs assauts,
Ou faisant s'envoler de rapides vaisseaux
Loin du tiède rivage où la vague déferle !

ANTOINE, amoureusement.

Et Mars chérit Vénus !

CLÉOPATRE, frappée tout à coup par l'éclat
d'une perle énorme qu'Antoine porte sur
son armure et qu'elle n'a pas encore vue.

Mais quelle est cette perle
Que je vois briller sur ton armure, et qui luit
Comme Phœbé parmi les astres de la nuit ?
Rien qu'à voir sa blancheur mon regard s'extasie.

ANTOINE

Elle est belle, en effet. Aucun roi de l'Asie
Ne peut la payer ; pour l'éclat et la grosseur.

On chercherait en vain dans le monde sa sœur.
Pourtant si je suis sûr qu'une telle merveille
Restera sans rivale et n'a pas sa pareille,
Et qu'avec son éclat frissonnant et riant
On pourrait acheter les trônes d'Orient,
Ce n'est pas pour si peu de chose que j'attache
Un prix inestimable à sa splendeur sans tache.

CLÉOPATRE, avec curiosité.

Quel est donc ce joyau divin ?

ANTOINE

                                    Quand mon aïeul
Bacchus, alla jadis conquérir l'Inde, seul
Guerrier, mais au bruit des cymbales effrénées
Emmenant un troupeau de femmes forcenées
Qui, chantant les raisins, livraient aux vents plaintifs
Leurs chevelures d'or ceintes de serpents vifs,
La déesse du Gange aux flots bleus, amoureuse
Du dieu, lui fit présent de cette perle heureuse,
Talisman qui soumet les flots mélodieux,
Et qui fait obéir la Victoire et les dieux
Et la tempête, en vain dans les cieux révoltée.

CLÉOPATRE, à part.

Qu'entends-je !

ANTOINE

Depuis lors elle est toujours restée
Dans la famille des Antoine. Mes aïeux
Par elle ont toujours vu leurs bras victorieux,
Et son charme inconnu, sur tout ce qui respire
Nous a fait obtenir la victoire et l'empire.
Si quelqu'un me la peut dérober, le destin
Lui promet l'Italie et le monde latin.

Bien plus, je serais son esclave. Il serait maître
De ma volonté, de mon cœur, de tout mon être.

CLÉOPATRE

En vérité ! De tout ton être !

ANTOINE

Oui, reine.

CLÉOPATRE

Mais
Qui le peut ?

ANTOINE

Qui prendra, si je ne le permets,
Cette perle qui vaut l'empire de la terre ?

CLÉOPATRE

Un homme peut aller dans les bois de Cythère ;
Là, surprendre Vénus près d'un ruisseau dormant,
Et dérober à sa ceinture un diamant
De flamme, ou le rubis sanglant, ou la sardoine. –

ANTOINE

Mais qui peut arracher sur l'armure d'Antoine,
Cette perle qui semble un astre du ciel bleu ?

CLÉOPATRE

Certes. Pour te la prendre il faut, que sais-je ? un dieu !

ANTOINE

Si donc un dieu prétend l'avoir, qu'il me la vole !
Des hommes ont parfois tenté ce coup frivole ;
Mais moi, jusqu'à présent, j'ai tué les voleurs.

CLÉOPATRE, à part.

Ô Reine secourable, Hâthor, qui vois mes pleurs,
Viens, déesse, il est temps que ton œil me regarde !

Haut à Antoine.

C'est bien, cher seigneur. Puisqu'il en est ainsi, garde
Ta perle. Je ne la veux plus.

ANTOINE, surpris.

Tu la voulais ?

CLÉOPATRE

Non pas. Que sais-je ? Elle eût dans un de mes palais
Brillé comme un soleil, qui de la nuit fatale
Sort, en baignant les cieux d'une clarté d'opale,
Ou peut-être l'aurais-je attachée à mon doigt !
Mais je ne la veux plus, à présent qu'elle doit
Soumettre l'Italie et le Parthe barbare.
Car plus que toi je suis de ton bonheur avare.
Mais seulement, soumise, et mes yeux sur tes tiens,
Laisse-moi la tenir et la caresser.

ANTOINE, détachant la perle de son
armure et la donnant à Cléopâtre.

Tiens.

22

CLÉOPATRE, admirant la
perle, qu'elle tient dans sa main.

Qu'elle est belle ! De sa blancheur suave éprise,
Une lueur frémit dans sa neige et l'irise,
Et, tremblante, se mêle à des reflets d'azur.
Perle céleste ! Elle a raison de briller sur
L'armure d'un héros qui jamais ne recule !

À Charmion.

Toi, verse à l'empereur dans la coupe d'Hercule
Un vin clair !

*Charmion remplit la coupe et la donne à Cléopâtre,
puis elle sort.*

Scène VIII

Antoine, Cléopâtre.

CLÉOPATRE

Tu ne m'as jamais quittée encor
Sans vider jusqu'au fond cette coupe aux flancs d'or,
En invoquant pour moi, devant ton sort courbée,
Tes dieux latins !

ANTOINE

Ma reine…

CLÉOPATRE, laissant tomber la
perle dans la coupe pleine de vin.

        Ah ! la perle est tombée
Dans la coupe ! Elle en fait jaillir des diamants.

ANTOINE

Eh bien ! il faut la prendre avec tes doigts charmants.

CLÉOPATRE

Oui.

ANTOINE

Prends la perle !

CLÉOPATRE

       Son reflet qui tremble, attire
La clarté. M'aimes-tu ?

ANTOINE

Sans doute. Mais retire
La perle !

CLÉOPATRE

Oui. Béni soit l'instant cher qui mêla
Nos destins.

ANTOINE

Mais la perle enfin, retire-la !

CLÉOPATRE, avec un feu sombre dans les yeux.

Il n'est plus temps. Ce vin pourpré comme l'aurore,
Qui vient de la Lybie, est de flamme ; il dévore,
Brûle tout, et dissout les perles, où le jour
A mis ses purs rayons. Tel l'implacable amour,
Lorsqu'il s'y précipite avec son flot farouche,
Anéantit et brûle en nous tout ce qu'il touche.

ANTOINE, comme égaré.

Quel nuage soudain passe devant mes yeux ?
Un trouble me saisit, triste et délicieux ;
Je songe, et comme si j'avais bu l'onde noire
Du Lethé, vers la nuit je sens fuir ma mémoire.

CLÉOPATRE, avec une sauvage amertume.

Pour moi, j'avais dans l'âme ainsi qu'un firmament
Plein d'astres, et l'orgueil fier du commandement,
Des voluptés, des vols d'espérances ailées,
Des chimères ; l'amour les a toutes brûlées !
Maintenant, sous le ciel de ma chute ébloui,
Il ne reste plus rien en moi qui ne soit lui !

Élevant la coupe.

Antoine, à nos amours !

Buvant.

Vois, je mêle à mes veines
Ta perle. Maintenant, fuyez, ô craintes vaines !
Que m'importe si la Victoire devant nous
Glisse et tombe, les reins brisés, sur ses genoux,
Ainsi qu'une cavale effrayée et fourbue ;
On ne me prendra pas ton âme, je l'ai bue !
Oui, j'ai bu ton ardeur, ta bravoure, ta foi,
Ton invincible orgueil qui fait honte à l'effroi,
Ton âme enfin, livrée à mon désir avide !
Tu m'appartiens.

ANTOINE

Oui, mais la coupe n'est pas vide !

Par un mouvement soudain, il arrache la coupe des mains de Cléopâtre.

CLÉOPATRE

Oh !

ANTOINE, élevant la coupe.

Cléopâtre, à nos amours !

Il boit.

Plus de souci,
Car si je t'appartiens, tu m'appartiens aussi.

26

CLÉOPATRE, à part.

Dieux ! le passé lointain, comme une blanche étoile
S'évanouit. Je sens mon regard qui se voile ;
J'ai le cœur inondé de joie, et je me meurs.

ANTOINE

À présent, défiant le monde et ses rumeurs,
Aimons-nous ! Comme au sein des profondes vallées
S'embrassent follement deux rivières mêlées,
Étant deux, nous serons un seul. Que nous songions
Aux combats, tu sauras mener tes légions
Au carnage, dans la mêlée affreuse et noire
Et caresser le sein meurtri de la Victoire ;
Et dans la belle Asie ou sur les bords du Nil
Subir la faim, la soif, la misère, l'exil.
Mais si tu fuis, laissant incomplète la tâche, –

CLÉOPATRE

Eh bien ?

ANTOINE

Moi, sur tes pas je fuirai comme un lâche !

CLÉOPATRE

Que dis-tu ? Toi le chef suprême, le vainqueur !
Toi le noble Antoine !

ANTOINE

         Oui, nous n'aurons qu'un seul cœur !
Ou soldat, tout sanglant sur son cheval numide,
Faisant voler la mort, ou bien femme timide,
Nous serons ce que tu voudras ! mais tous les deux !
Dût s'accomplir mon rêve, oui, ce rêve hideux

Qui me fait voir la mer hurlant sous la poursuite
D'Octave triomphant, et nos voiles en fuite !

CLÉOPATRE

Non ! Le sort est pour nous. Je suis forte, ô mon roi !
Mon héros !

ANTOINE, extasié.

Meure donc tout ce qui n'est pas toi !
Ta bouche, cette rose amoureuse qui tremble,
Ravit mes yeux. Ensemble, ah ! dis, toujours ensemble,
Vivons, régnons. Le cher parfum de tes cheveux
M'enveloppe. Sois ma guerrière, si tu veux,
Et laissant pour un jour notre chère inertie,
Vainqueurs de la Médie et de la Cilicie,
Triomphons ; puis ici, plus tard, couple indulgent,
Parlons aux rois du haut d'un tribunal d'argent !
Ou, si tu l'aimes mieux, que chaque jour se noie
Dans les fêtes ; buvons la pourpre de la joie,
Et, comme les doux fruits savoureux d'un verger,
Cueillons sans fin les jours !

Scène IX

Antoine, Cléopâtre, Charmion.

CHARMION, entrant.

                              Seigneur, un messager
D'Octave, pour te voir arrive en toute hâte.
Il est là.

ANTOINE

Maudit soit l'importun qui me gâte
Ce bel instant !

CHARMION

César, dit-il, est irrité,
Et réclame ton prompt retour.

ANTOINE, en proie à une soudaine colère.

                              En vérité !
Que ce messager-là cherche d'autres auberges
Que nos palais. Ou bien, qu'il soit battu de verges.

CLÉOPATRE, hypocritement.

Le pauvre homme ! C'est trop de cruauté. Battu
De verges !

ANTOINE

Eh bien ! qu'on le chasse.

CLÉOPATRE

Y penses-tu ?
Sachons du moins son nom.

ANTOINE

Pourquoi faire ? On le nomme :
Trop tard !

CLÉOPATRE

Un tel éclat, c'est la brouille avec Rome !

ANTOINE, *impassible.*

Va, Charmion.

Charmion sort.

Scène X

Antoine, Cléopâtre.

ANTOINE

Qu'importe Octave ? Tout est bien
Puisque j'ai Cléopâtre, et le reste n'est rien !
Oublions. Ravis-moi. Parle !

CLÉOPATRE

Que puis-je dire,
Quand ce que tu veux, tout mon être le désire !
Pourtant je parlerai, cher seigneur, si ma voix
Te plaît.

ANTOINE

Quand je te vis pour la première fois,
C'était sur le Cydnus. Le flot semblait sourire.
Tu voguais, étonnant les cieux, sur un navire
Dont la poupe était d'or ; le radieux soleil
Sur ses voiles de pourpre étincelait vermeil ;
Les avirons étaient d'argent, et pleins de joie
Tremblaient et frissonnaient les cordages de soie.
Toi, couchée à demi sous un pavillon d'or.
Et portant les habits de Vénus, mais encor
Plus belle que Vénus, et gardant une pose
Divine, tu brillais dans tes voiles de rose !
Tu montrais un lien de fleurs pour bracelet ;
L'air était embaumé des parfums qu'on brûlait
Sur ton vaisseau. Le peuple et moi, nous t'adorâmes.
Des lyres par leurs chants guidaient le vol des rames,
Et les flûtes mêlaient leurs voix à ce concert.
Tout le troupeau charmant qui t'adore et te sert,
Nymphes, Divinités, Grâces aux fiers visages,

31

Néréides, faisaient obéir les cordages,
Ou de leurs belles mains tenaient le gouvernail,
Et de petits Amours agitaient l'éventail,
Afin de rafraîchir la reine de Cythère,
Vénus, l'enchantement et l'orgueil de la terre !

CLÉOPATRE

Pais Vénus amusa par un festin le dieu
Bacchus ; il savoura les vins d'or et de feu,
Et les rires alors voltigeaient sur sa bouche,
Car, ce jour-là du moins, le conquérant farouche
Était dompté.

ANTOINE

Je veux retrouver ma Vénus !
Oui, celle que mes yeux virent sur le Cydnus,
Et qui, dans une étrange et formidable fête,
Me nomma son vainqueur.

Charmion entre et parle bas à Cléopâtre.

Scène XI

Antoine, Cléopâtre, Charmion.

CLÉOPATRE

Eh bien ! la table est prête,
Ami, pour un festin pareil à celui-là !
Dans la salle où mon fier caprice amoncela
De hauts entassements de colonnes et d'arches,
Des escaliers formés par des milliers de marches
De porphyre et de jaspe, où les colosses noirs
S'irisent, réfléchis comme par des miroirs ;
Des griffons d'or, des sphinx dont l'œil médite et souffre,
—
Voyant en haut s'ouvrir le ciel bleu comme un gouffre,
Nous aurons tout à coup les éblouissements
De plus de feux que n'ont d'astres les firmaments !
Servis par des enfants d'Asie et par des reines,
Nous mangerons les paons et la chair des murènes,
Les sangliers rôtis et pleins d'oiseaux vivants ;
Nous aurons des bouffons alertes et savants,
Et, buvant le Massique aux divines brûlures,
Nous essuierons nos mains avec des chevelures !
Des danseuses, en leur délire agile et prompt,
Poseront en passant leurs lèvres sur ton front :
Le tympanon railleur, la sambuque, le sistre
Empliront de leur bruit la nuit bleue et sinistre ;
Comme sur le Cydnus, je parerai mes bras
Avec des bracelets de roses ; tu verras
Celle dont la prunelle en ton regard se plonge,
Attentive, épiant ton désir, comme en-songe,
Et nous rirons, pareils aux dieux olympiens,
Car je suis ton esclave et ta maîtresse.

ANTOINE, fasciné, embrassant
amoureusement Cléopâtre, et l'entraînant.

Viens !